Male für jede Seite, die du bearbeitet hast, einen Stern aus.

Viel Freude!

4 5 6 7 8

11 12 13 14 15 16 17

18 19   20 21

 22 23  24 25

 26 27  28 29

 30 31  32 33

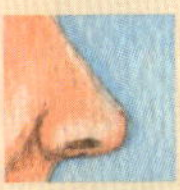 34 35  36 37

 38 39  40 41

 42 43  44 45

 46 47  48 49

 50 51  52 53

54

A	d
B	c
C	b
D	a
E	h
F	g
G	f
H	e

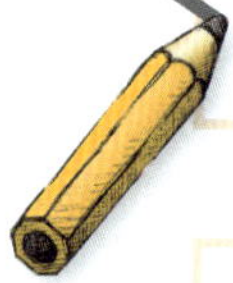

I	l
J	k
K	j
L	i
M	p
N	o
O	n
P	m

a A

b

c

d

e

f

g

h

i

j

k

l

m

n

o

p

A a

B

C

D

E

F

G

H

I i

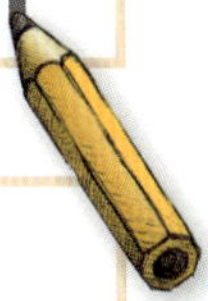

J

K

L

M

N

O

P

der Wal
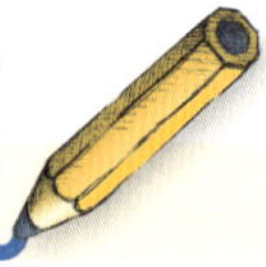

die

der

der

der

der

das

das

das

das

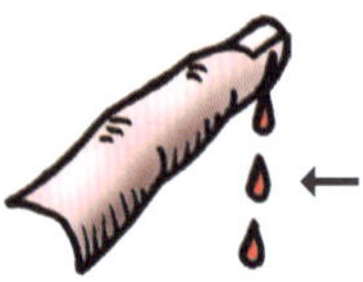

die

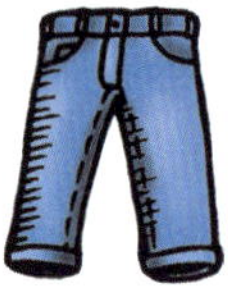

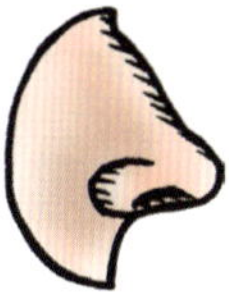

die

der

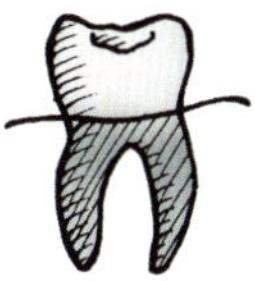

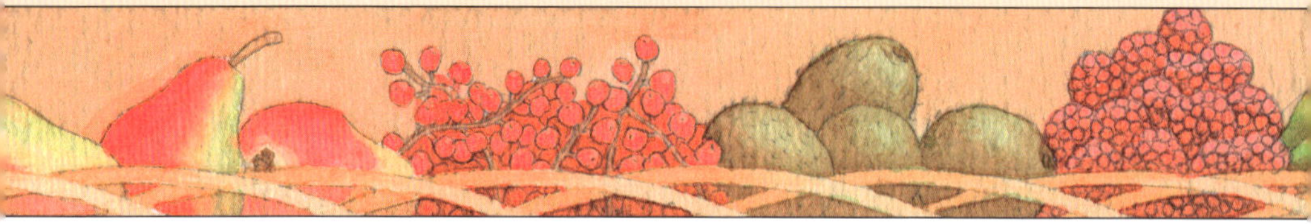

die

die

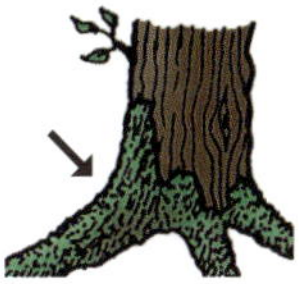

das

die

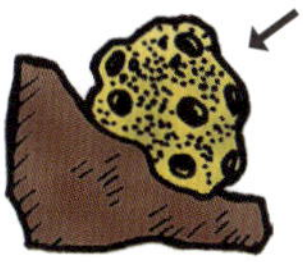

 der

der

die

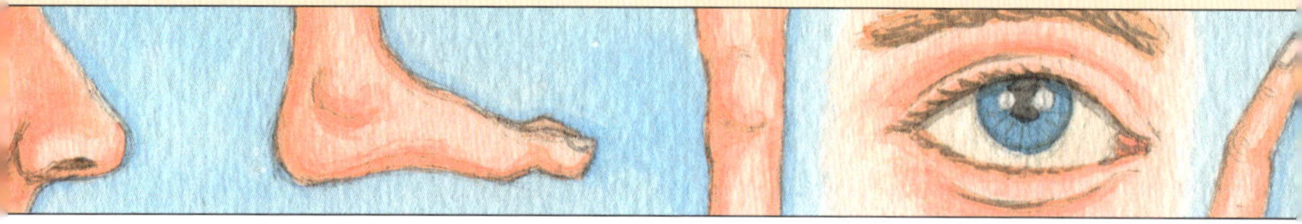

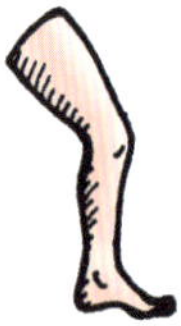

das

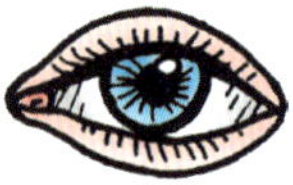

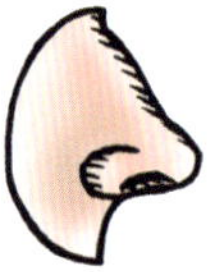

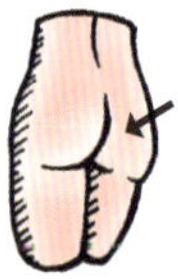

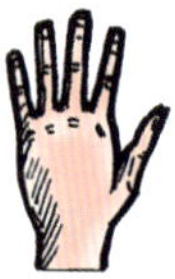

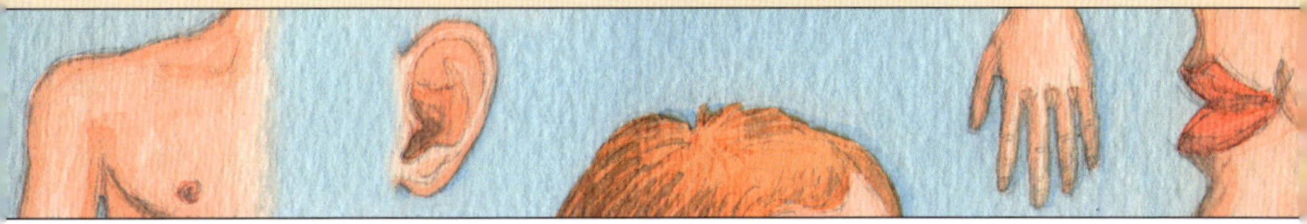

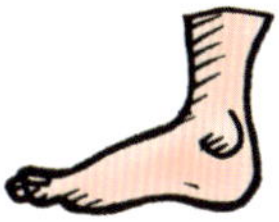

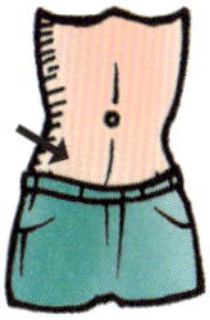

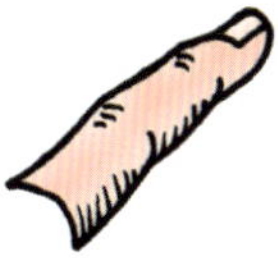

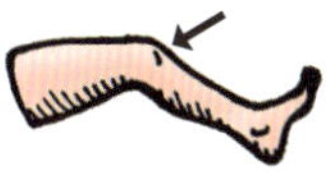

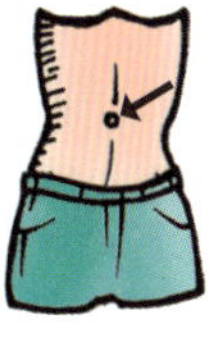

die

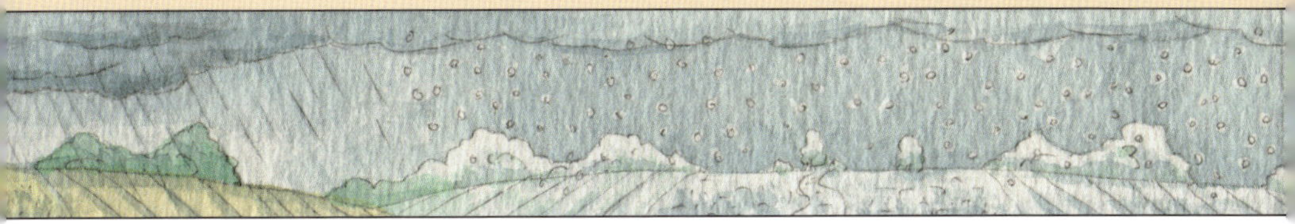

die

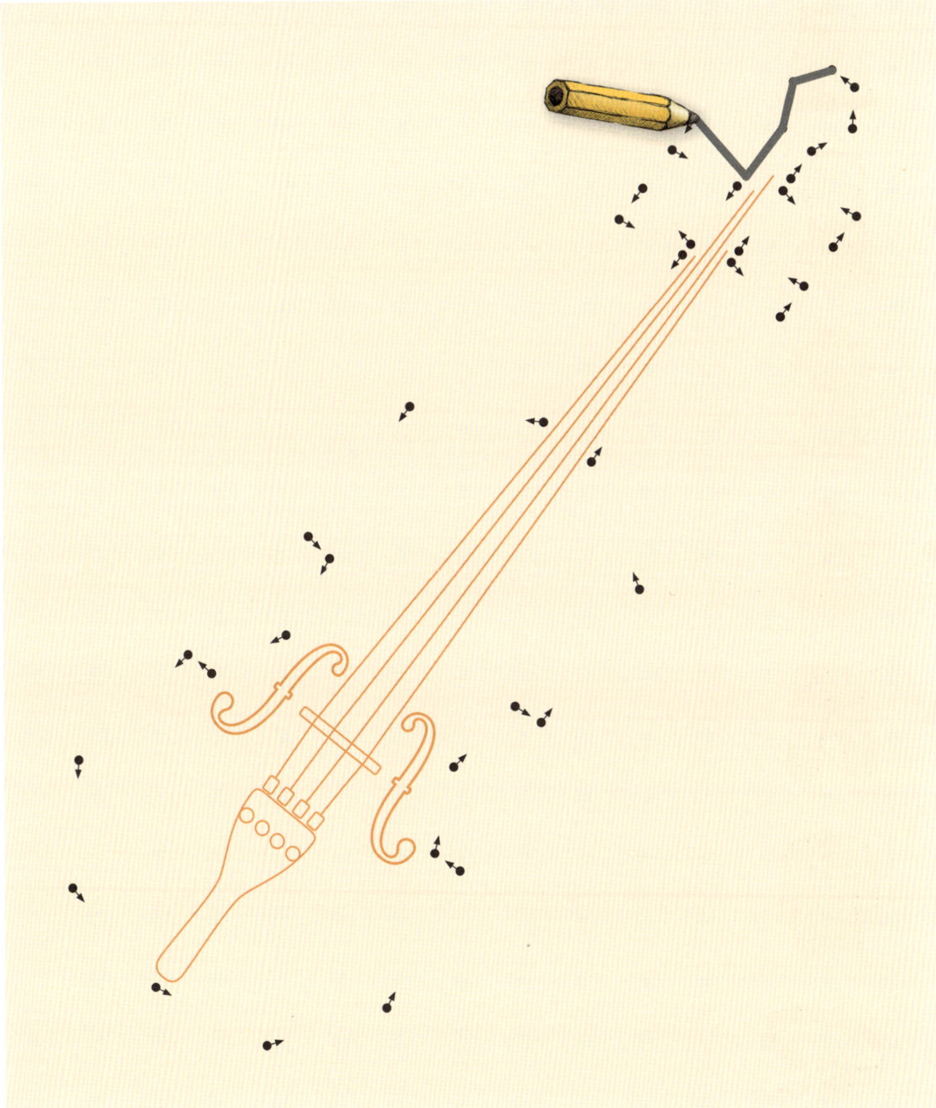

 der

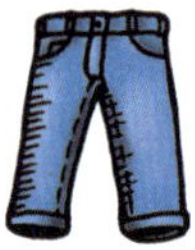

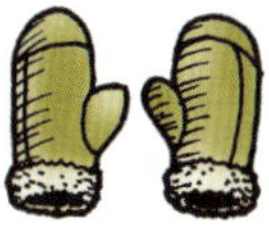

der

 der

das

der

die

die

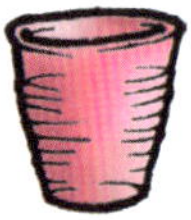

3
2L
M
MEHL

Hose

Hase

Nase

Rose

lieben. Nirgends in der Welt spürt der Mensch die Macht des Geheimnisses und seine Herrlichkeit so stark wie hier. Wo zwei Menschen alles voneinander wissen, wird das Geheimnis ihrer Liebe zwischen ihnen unendlich groß. Und erst in dieser Liebe verstehen sie einander, wissen sie ganz voneinander, erkennen sie einander ganz, und doch, je mehr sie einander lieben und in der Liebe voneinander wissen, je tiefer erkennen sie das Geheimnis ihrer Liebe. Also das Wissen hebt das Geheimnis nicht auf, sondern vertieft es. Dass der andere mir so nahe ist, das ist das größte Geheimnis.

Das Wichtigste im Leben

Es gibt kaum ein beglückenderes Gefühl als zu spüren, dass man für andere Menschen etwas sein kann. Dabei kommt es gar nicht auf die Zahl, sondern auf die Intensität an. Schließlich sind eben die menschlichen Beziehungen doch einfach das Wichtigste im Leben; daran kann auch der moderne „Leistungsmensch" nichts ändern, aber auch nicht die, die von menschlichen Beziehungen nichts wissen. Gott selbst lässt sich von uns im Menschlichen dienen. ... Was ist mir das schönste Buch oder Bild oder Haus oder Gut gegenüber meiner Frau, meinen Eltern, meinem Freund? So kann allerdings nur sprechen, wer wirklich in seinem Leben Menschen gefunden hat. Für viele Heutige ist der Mensch doch auch nur ein Teil der Welt der Dinge. Das liegt daran, dass ihnen das Erlebnis des Menschlichen einfach abgeht.

Ihr betretet Neuland

Ein Brautpaar hat das Recht darauf, den Tag der Hochzeit mit dem Gefühl eines unvergleichlichen Triumphes zu begrüßen und zu begehen. Wenn alle Schwierigkeiten, Widerstände, Hindernisse, Zweifel und Bedenken – nicht in den Wind geschlagen, aber ehrlich ausgestanden und überwunden sind – und es ist sicher gut, wenn nicht alles gar zu selbstverständlich geht –, dann haben

die beiden in der Tat den entscheidenden Triumph ihres Lebens errungen. Mit dem Ja, das sie zueinander gesprochen haben, haben sie ihrem ganzen Leben in freier Entscheidung eine neue Wendung gegeben; sie haben allen Fragen und Bedenklichkeiten, die das Leben jeder dauernden Verbindung zweier Menschen entgegenstellt, in froher Gewissheit Trotz geboten und sich in eigener Tat und Verantwortung ein Neuland für ihr Leben erobert.

Dankbar für Gottes Führung

Ihr seid heute ans Ziel eurer Wünsche geführt – ihr wisst es selbst, dass sich ein solches Leben kein Mensch aus eigener Kraft schaffen und nehmen kann, sondern dass es dem einen gegeben wird, dem andern versagt bleibt, und das ist erst, was wir Gottes Führung nennen. So groß also heute euer Jubel darüber ist, dass euer Wille, euer Weg zum Ziel gekommen ist, so groß wird auch eure Dankbarkeit sein, dass Gottes Wille und Gottes Weg euch hierher geführt hat, und so zuversichtlich ihr heute die Verantwortung für euer Tun auf euch nehmt, so zuversichtlich dürft und werdet ihr sie heute in Gottes Hände legen.

Gott will nicht, dass ich den Andern nach dem Bilde forme, das mir gut erscheint, also nach meinem eigenen Bilde, sondern in seiner Freiheit von mir hat Gott den Andern zu seinem Ebenbilde gemacht.

Frei sein heißt, in der Liebe sein

Die Wahrheit wird euch freimachen (Johannes 8, 32). Nicht unsere Tat, unser Mut, unsere Kraft, unser Volk, unsere Wahrheit, sondern Gottes Wahrheit allein. ... Gottes Wahrheit allein lässt mich den anderen sehen. Sie richtet meinen in mich verbogenen Blick über sich hinaus und zeigt ihm den anderen Menschen. Und indem sie das tut, tut sie an mir die Tat der Liebe, der Gnade

Gottes. Sie vernichtet unsere Lüge und schafft die Wahrheit. Sie vernichtet den Hass und schafft die Liebe. Gottes Wahrheit ist Gottes Liebe und Gottes Liebe macht uns frei von uns selbst für den andern.
Frei sein heißt nichts anders, als in der Liebe sein. Und in der Liebe sein heißt nichts anderes, als in der Wahrheit Gottes sein. Der Mensch, der liebt, weil er durch die Wahrheit Gottes frei gemacht ist, ist der revolutionärste Mensch auf Erden.

Gott sagt Ja zu eurem Ja

Indem Gott heute zu eurem Ja sein Ja gibt, indem Gottes Wille in euren Willen einwilligt, indem Gott euch euren Triumph und Jubel und Stolz lässt und gönnt, macht er euch doch zugleich zu Werkzeugen seines Willens und Planes mit euch und mit den Menschen. Gott sagt in der Tat in unbegreiflicher Herablassung sein Ja zu eurem Ja; aber indem er das tut, schafft er zugleich etwas ganz Neues: er schafft aus eurer Liebe – den heiligen Ehestand.

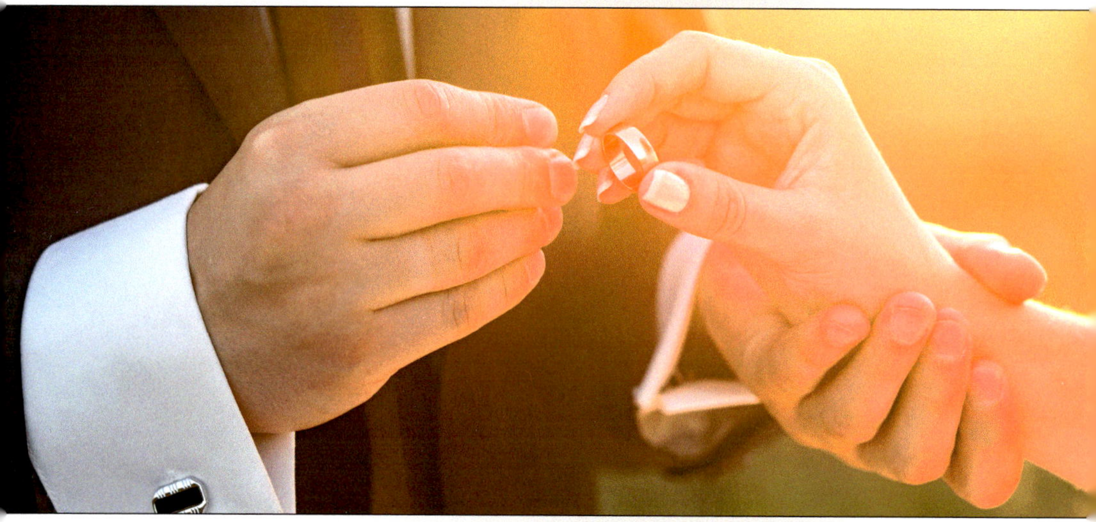

Gott stiftet eure Ehe. Ehe ist mehr als eure Liebe zueinander. Sie hat höhere Würde und Gewalt; denn sie ist Gottes heilige Stiftung, durch die er die Menschen bis ans Ende der Tage erhalten will. In eurer Liebe seht ihr euch beide nur allein auf der Welt, in der Ehe seid ihr ein Glied in der Kette der Geschlechter, die Gott zu seiner Ehre kommen und vergehen lässt und zu seinem Reich ruft; in eurer Liebe seht ihr nur den Himmel eures eigenen Glückes, durch die Ehe seid ihr verantwortlich in die Welt und in die Gemeinschaft der Menschen hineingestellt; eure Liebe gehört euch allein und persönlich, die Ehe ist etwas Oberpersönliches, sie ist ein Stand, ein Amt.

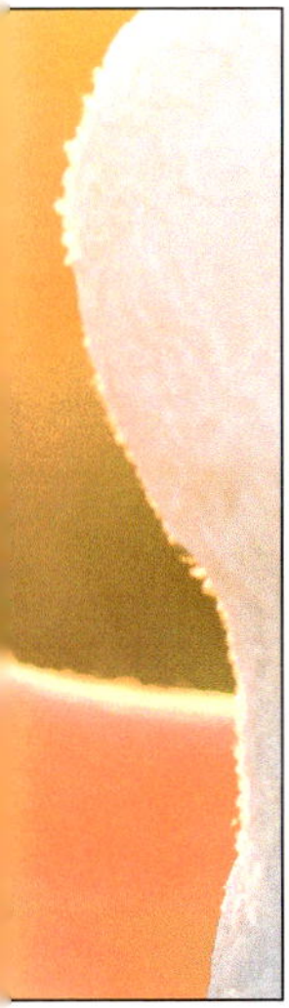

Gott schützt eure Ehe

Gott macht eure Ehe unauflöslich. „Was Gott zusammengefügt hat, das soll der Mensch nicht scheiden“ (Mt 19,6). Gott fügt euch in der Ehe zusammen; das tut nicht ihr, sondern das tut Gott. Verwechselt eure Liebe zueinander nicht mit Gott. Gott macht eure Ehe unauflöslich, er schützt sie vor jeder Gefahr, die ihr von außen oder innen droht; Gott will der Garant ihrer Unauflöslichkeit sein. Es ist eine beglückende Gewissheit für den, der das weiß, dass keine Macht der Welt, keine Versuchung, keine menschliche Schwachheit auflösen kann, was Gott zusammenhält; ja, wer das weiß, darf getrost sagen: was Gott zusammengefügt hat, das kann der Mensch nicht scheiden. Frei von aller Bangigkeit, die der Liebe immer innewohnt,

dürft ihr in Gewissheit und voller
Zuversicht nun zueinander sagen:
Wir können einander nie mehr
verloren gehen, wir gehören
einander durch Gottes Willen
bis zum Tod.

Gedanken für Eheleute

GEDULDIG ZUHÖREN

Wer nicht lange und geduldig zuhören kann, der wird am andern immer vorbeireden und es selbst schließlich gar nicht mehr merken.

KEIN VERLETZENDES WORT

Das schnell entfahrene Wort, das wir so leicht nehmen, offenbart, dass wir den anderen nicht ehren, uns über ihn erheben und also unser Leben höher einschätzen als das seine.

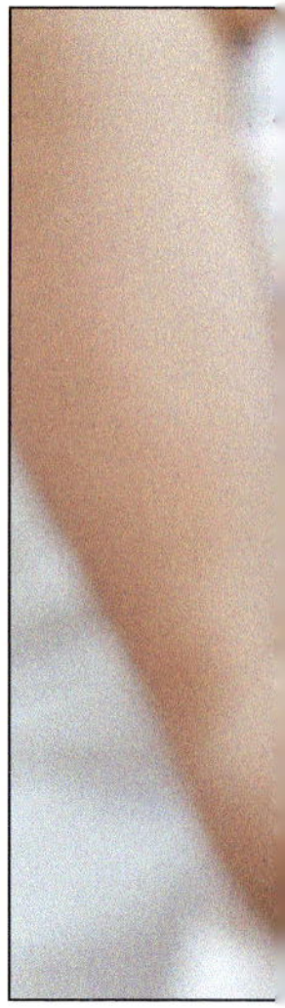

EINANDER FREIHEIT LASSEN

Zur Freiheit des andern gehört all das, was wir unter Wesen, Eigenart, Veranlagung verstehen, gehören auch die Schwächen und Wunderlichkeiten, die unsere Geduld so hart beanspruchen, gehört alles, was die Fülle der Reibungen, Gegensätze und Zusammenstöße zwischen mir und dem andern hervorbringt.

UNTERSCHIEDE AKZEPTIEREN

Gott will nicht, dass ich den andern nach dem Bilde forme, das mir gut erscheint, also nach meinem eigenen Bilde, sondern in seiner Freiheit von mir hat Gott den andern zu seinem Ebenbild gemacht.

… UND HÄTTE DER LIEBE NICHT

Wenn ich mit Menschen- und mit Engelzungen redete, und hätte der Liebe nicht, so wäre ich ein tönend Erz oder eine klingende Schelle. Und wenn ich weissagen könnte und wüsste alle Geheimnisse und alle Erkenntnis und hätte allen Glauben, also dass ich Berge versetzte, und hätte der Liebe nicht, so wäre ich nichts. Und wenn ich alle meine Habe den Armen gäbe und ließe meinen Leib brennen, und hätte der Liebe nicht, so wäre mir's nichts nütze.

1 Kor 13,1-3 (Lutherbibel 1912)

Liebe und Wahrheit

Es ist zunächst etwas sehr Einfältiges, was hier gesagt ist, nämlich dass ein Leben Sinn und Wert hat, nur sofern Liebe in ihm ist, und dass ein Leben nichts, gar nichts ist und keinen Sinn und Wert hat, wenn keine Liebe in ihm ist (1 Korinther 13,1-3). Ein Leben ist so viel wert, wie viel Liebe es hat. Alles andere ist nichts, gar nichts, ganz gleichgültig, ganz unwichtig, alles Schlechte und alles Gute, alles Große und alles Kleine ist unwichtig – wir sind nur nach einem gefragt, ob wir Liebe haben oder nicht. …

„Wenn ich mit Menschen- und mit Engelzungen redete“ … das ist die Möglichkeit, mit der wir nicht gerechnet hatten, dass auch unsere heiligsten Worte unheilig, gottlos, gemein werden können – wenn ihnen das Herz fehlt, wenn sie ohne Liebe sind. …

„Und wenn ich weissagen könnte und wüsste alle Geheimnisse und Erkenntnisse …“ wenn ich wüsste, warum ich diesen Weg und warum jener jenen Weg gehen muss, wenn ich die dunklen Wege Gottes schon hier erkennen könnte – ja, wäre das nicht die Seligkeit? …

Erkenntnis, Wissen, Wahrheit ohne Liebe ist nichts, sie ist nicht Wahrheit – denn Wahrheit ist Gott und Gott ist Liebe – darum ist Wahrheit ohne Liebe Lüge.

Vergebt einander täglich

Gott schenkt euch Christus als den Grund eurer Ehe. „Nehmet euch untereinander auf, gleichwie euch Christus aufgenommen hat zu Gottes Lobe“ (Röm 15). Mit einem Worte: lebt miteinander in der Vergebung eurer Sünden, ohne die keine menschliche Gemeinschaft, erst recht keine Ehe bestehen kann. Seid nicht rechthaberisch gegeneinander, urteilt und richtet nicht übereinander, erhebt euch nicht übereinander, schiebt nie einander die Schuld zu, sondern nehmt euch auf, wie ihr seid, und vergebt einander täglich und von Herzen.

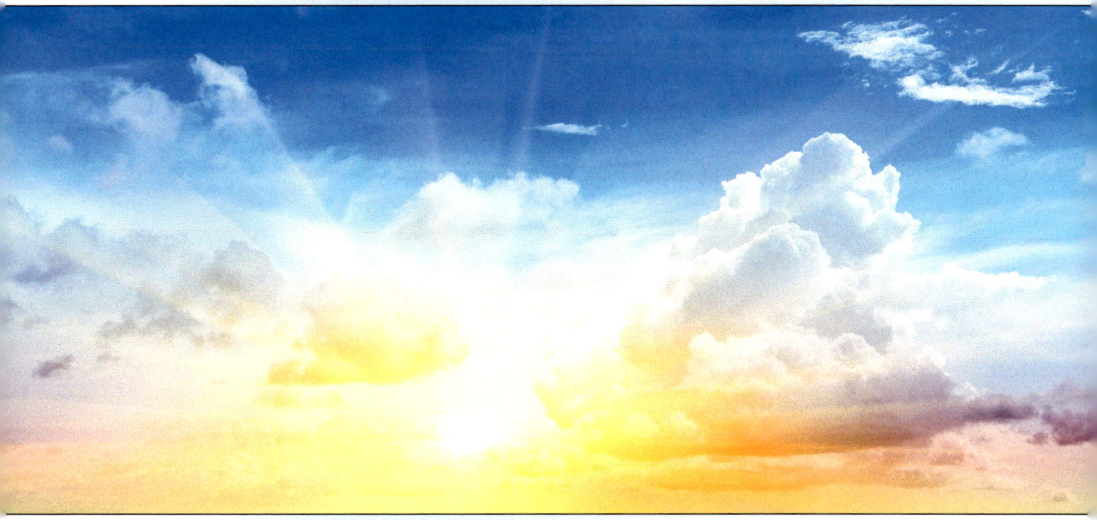

Zuletzt bleibt nur die Liebe

Wenn wir uns in unruhigen Zeiten einmal fragen, was eigentlich von all der Aufregung, von all dem Hin und Her der Gedanken und Überlegungen, von all den Sorgen und Befürchtungen, von allen Wünschen und Hoffnungen, die wir uns machen, wirklich zuletzt übrig bleibt – und wenn wir uns dann die Antwort der Bibel geben lassen wollen, so wird uns gesagt: Es bleibt von all dem zuletzt nur eines, nämlich die Liebe, die wir in unseren Gedanken, Sorgen, Wünschen und Hoffnungen gehabt haben. Alles andere hört auf, vergeht, alles, was wir nicht aus Liebe gedacht und ersehnt haben, alle Gedanken, alle Erkenntnis, alles Reden ohne Liebe hört auf – nur die Liebe höret nimmer auf (1 Korinther 13,8). …
Warum muss alles andere aufhören und warum hört allein die Liebe nimmer auf? Weil allein in der Liebe der Mensch sich selbst aufgibt, seinen Willen drangibt

für den anderen, weil also allein die Liebe nicht aus meinem eigenen Selbst kommt, sondern aus einem anderen Selbst, aus dem Selbst Gottes. Weil also allein in der Liebe Gott selbst durch uns handelt – während in allem anderen wir selbst handeln; es sind unsere Gedanken, unser Reden, unsere Erkenntnisse, aber es ist Gottes Liebe. Und was von uns ist, muss aufhören, alles – aber was von Gott ist, das bleibt.

Segen und Last

Gott hat auf die Ehe einen Segen und eine Last gelegt. Der Segen ist die Verheißung der Nachkommenschaft. Gott lässt die Menschen teilnehmen an seinem immerwährenden Schaffen; aber es ist doch immer Gott selbst, der eine Ehe mit Kindern segnet. „Kinder sind eine Gabe des Herrn" (Ps 127), und als solche sollen wir sie erkennen. Von Gott empfangen die Eltern ihre Kinder, und zu Gott sollen sie sie wieder führen. ... Weil und solange aber die Menschen auf Erden leben, hat Gott ihnen eine Erinnerung daran gegeben, dass diese Erde unter dem Fluch der Sünde steht und nicht das Letzte ist. Über der Bestimmung der Frau und des Mannes liegt der dunkle Schatten eines göttlichen Zorneswortes, liegt eine göttliche Last, die sie tragen müssen. Die Frau soll ihre Kinder mit Schmerzen

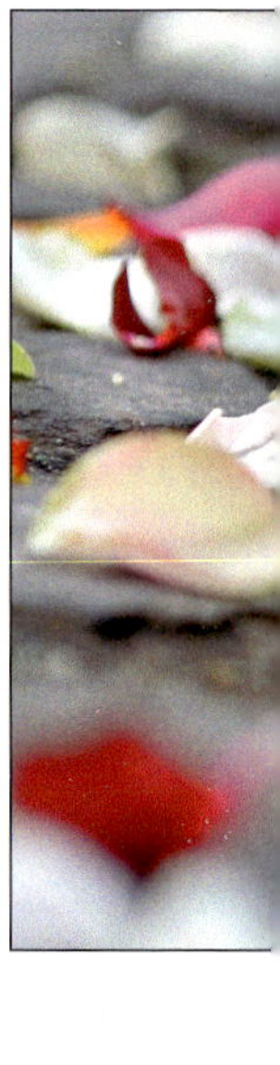

gebären, und der Mann soll in seiner Sorge für die Seinen viele Dornen und Disteln ernten und seine Arbeit im Schweiße des Angesichts tun (Gen 3,16.19). Diese Last soll Mann und Frau dazu führen, zu Gott zu rufen, und sie an ihre ewige Bestimmung in seinem Reich erinnern.

Bibliografische Information der Deutschen Nationalbibliothek
Die Deutsche Nationalbibliothek verzeichnet diese Publikation in der Deutschen Nationalbibliografie; detaillierte bibliografische Daten sind im Internet über http://dnb.d-nb.de abrufbar.

Quellenverzeichnis

Texte:
Seite 1: London 1933-1935, DBW Band 13, Seite 361
Seite 3: Traupredigt aus der Zelle, Mai 1943, Aufzeichnungen aus der Haft, Seite 138
Seite 6/7: London 1933-1935, DBW Band 13, Seite 360f.
Seite 8: Widerstand und Ergebung, DBW Band 8, Seite 567
Seite 10/11: Traupredigt aus der Zelle, Mai 1943, Aufzeichnungen aus der Haft, Seite 135f.
Seite 12: Traupredigt aus der Zelle, Mai 1943, Aufzeichnungen aus der Haft, Seite 137
Seite 13: Gemeinsames Leben/Das Gebetbuch der Bibel, DBW Band 5, Seite 79
Seite 14/15: Ökumene, Universität, Pfarramt 1931-1932, DBW Band 11, Seite 461f.
Seite 16/17: Traupredigt aus der Zelle, Mai 1943, Aufzeichnungen aus der Haft, Seite 137f.
Seite 18/19: Traupredigt aus der Zelle, Mai 1943, Aufzeichnungen aus der Haft, Seite 138
Seite 20/21: Gemeinsames Leben/Das Gebetbuch der Bibel, DBW Band 5, Seite 8; Nachfolge, DBW Band 4, Seite 123f.; Gemeinsames Leben/Das Gebetbuch der Bibel, DBW Band 5, Seite 86; Gemeinsames Leben/Das Gebetbuch der Bibel, DBW Band 5, Seite 79
Seite 23: London 1933-1935, DBW Band 13, Seite 380f., 383f.
Seite 24: Traupredigt aus der Zelle, Mai 1943, Aufzeichnungen aus der Haft, Seite 142
Seite 26/27: London 1933-1935, DBW Band 13, Seite 393f.
Seite 28/29: Traupredigt aus der Zelle, Mai 1943, Aufzeichnungen aus der Haft, Seite 141
Seite 31: Ethik, DBW Band 6, Seite 242

Fotos:
Titel: © Elnur/Shutterstock.com, Seite 2/3: © Taiga/Fotolia.de, Seite 4: © JaIcaraz/Shutterstock.com, Seite 6: © marko82bg/Fotolia.de, Seite 7: © N-Media-Images/Fotolia.de, Seite 8: © Dionisvera/Fotolia.de, Seite 9: © Sondem/Fotolia.de, Seite 10: © denis_333/Fotolia.de, Seite 11: © Laurent Renault/Fotolia.de, © Marina Lohrbach/Fotolia.de, © tsach/Fotolia.de, Seite 12: © Marty Kropp/Fotolia.de, Seite 13: © kevinsday/Fotolia.de, Seite 14: © Serggod/Shutterstock.com, Seite 15: © seqoya/Fotolia.de, Seite 16: © illustrissima/Shutterstock.com, Seite 17: © mick20/Fotolia.de, Seite 18: © kuleczka/Fotolia.de, Seite 19: © Smileus/Fotolia.de, © Picture-Factory/Fotolia.de, Seite 20: © ILYA AKINSHIN/Fotolia.de, Seite 21: © popovich22/Fotolia.de, Seite 22: © popovich22/Fotolia.de, Seite 23: © Marty Kropp/Fotolia.de, Seite 24: © Dvarg/Fotolia.de, Seite 25: © 1xpert/Fotolia.de, © Dvarg/Fotolia.de, Seite 26: © rufar/Fotolia.de, Seite: 27: © Leonid & Anna Dedukh/Fotolia.de, Seite 28: © imagino123/Fotolia.de, Seite 29: © MNStudio/Fotolia.de, Seite 31: © Elenathewise/Fotolia.de

Besuchen Sie uns im Internet:
www.st-benno.de

ISBN 978-3-7462-4616-1

Umschlag und Gestaltung: Ulrike Vetter, Leipzig
Gesamtherstellung: Arnold & Domnick, Leipzig (A)